VENTE
Du Vendredi 18 Avril 1884

HOTEL DROUOT, SALLE N° 3

Collection de M. de X***

ARMES

ARRIVANT DE L'ÉTRANGER

COMMISSAIRE-PRISEUR :

Mᵉ P. CHEVALLIER, *10, rue Grange-Batelière.*

EXPERTS :

M. Ch. MANNHEIM | **M. B. LASQUIN**
7, rue Saint-Georges. | *12, rue Laffitte.*

EXPOSITION PUBLIQUE
Le Jeudi 17 Avril 1884.

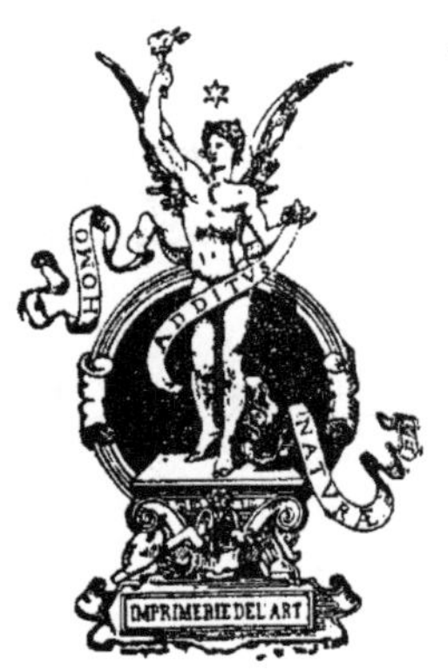

HOMO
ADDITVS
NATVRÆ
IMPRIMERIE DEL'ART

CATALOGUE

DES

ARMES

ANCIENNES

EUROPÉENNES ET ORIENTALES

Arquebuses — Fusils — Pistolets — Arbalètes — Masses d'armes
Épées — Sabres — Poignards — Armes d'hast
Armures — Pièces d'armures — Casques
Boucliers — Cottes de mailles — Armes indiennes et autres

*Composant la Collection de M. de X****

ET ARRIVANT DE L'ÉTRANGER

VENTE HOTEL DROUOT, SALLE Nº 3

Le Vendredi 18 Avril 1884, à 2 heures précises.

COMMISSAIRE-PRISEUR

Mᵉ PAUL CHEVALLIER, 10, rue Grange-Batelière.

EXPERTS

M. CH. MANNHEIM	**M. B. LASQUIN**
7, rue Saint-Georges, 7	12, rue Laffitte, 12

EXPOSITION PUBLIQUE

Le Jeudi 17 Avril 1884

DE UNE HEURE A CINQ HEURES

CONDITIONS DE LA VENTE

Elle sera faite au comptant.

Les adjudicataires paieront cinq pour cent en sus des enchères.

L'exposition mettant le public à même de se rendre compte de l'état des objets, il ne sera admis aucune réclamation une fois l'adjudication prononcée.

Paris. — Imprimerie de l'Art, J. Rouam, imprimeur-éditeur, 41, rue de la Victoire.

DÉSIGNATION DES OBJETS

ARQUEBUSES ET FUSILS

1 — Courte arquebuse saxonne, à rouet, du xvii^e
siècle. Canon ciselé en relief et présentant,
espacées sur sa longueur, cinq figures de
femmes jouant de divers instruments et
séparées par des motifs d'arabesques et
d'animaux. Platine ciselée à armoirie. Le
fût est tout en ivoire gravé, d'une ornementation très délicate et d'une extrême richesse :
animaux au milieu de rinceaux et d'entrelacs. Il est aux armes de Saxe.
Pièce remarquable.

2 — Carabine à pierre de FELIX MEIER IN WIENN.
1735. Canon à pans orné d'arabesques
dorées. Platine à silex, gravée à personnages ; fût sculpté à ornements en relief ;
sous-garde, plaque d'épaulement et ornements en bronze ciselé et doré à sujet de
chasse.

3 — Arquebuse à rouet du xviie siècle, presque droite, canon à pans. Fût sculpté à animaux, rosaces et ornements.

4 — Carabine à silex du xviiie siècle, canon à pans damasquiné d'argent et au nom de Iohann Jacob Kuchenreuter. Platine gravée, fût sculpté ; sous-garde et plaques d'ornement en cuivre finement ciselé et doré à sujets de chasse et rocaille.

5 — Arquebuse à rouet du xviie siècle, canon à pans décoré d'ornements gravés et pointillés, platine gravée, fût enrichi d'incrustations de nacre et d'ivoire gravés représentant des animaux, des chimères et des arabesques entremêlés de perles.

6 — Arquebuse du xviie siècle, platine à rouet, canon à pans portant les lettres C. S. gravées et un poinçon C. S. GVR, platine gravée, fût orné de fines arabesques en incrustation de cuivre s'échappant de fleurons en nacre gravée.

7 — Arquebuse allemande, à rouet, du xviie siècle, canon à pans au nom de Adam Hechen-berger. 1667. Platine décorée d'ornements d'argent et en relief, fût incrusté de nacre et d'ivoire à fleurons, arabesques et perles.

8 — Fusil oriental à silex, canon à pans à ner-
vures et ornements en relief et damasquiné d'argent, chien incrusté d'argent et
crosse à cinq pans ornée d'une mosaïque de
cuivre et d'ivoire.

9 — Fusil circassien à canon en damas ronceux
damasquiné d'or, fût uni, crosse étroite
avec plaque d'épaulement en ivoire.

10 — Fusil circassien à silex, canon en damas
ronceux à nervure et orné de damasquine
d'or, batterie incrustée d'or, fût recouvert
en cuir avec garniture en argent niellé,
plaque d'épaulement en ivoire.

11 — Beau fusil albanais à silex, canon à pans
marqué BFF, batterie gravée, fût et garniture en argent ciselé d'une riche ornementation en relief; le milieu de la crosse est
garni d'une ancienne étoffe de velours
brodée d'argent.

12 — Fusil albanais à long canon à pans dans le
premier tiers de sa longueur où le fût est
revêtu d'une plaque d'argent ainsi qu'à son
extrémité; plaque d'épaulement échancrée,
batterie à silex avec le mot A.MOR.

13 — Fusil turc à silex à long canon à pans, fût
enrichi dans sa longueur de petites rosaces
disposées en losange, en incrustations de

cuivre ; autour de la batterie le fût est décoré de mosaïque de nacre.

14 — Fusil turc à silex, canon à pans dans le premier tiers de sa longueur offrant en incrustation d'argent une inscription et des ornements, fût avec crosse à pans décorés de mosaïque de cuivre et d'ivoire.

15 — Fusil oriental avec très long canon et fût uni.

16-17 — Deux jolies petites arquebuses de chasse, du xviie siècle, à canon entièrement ciselé à figures, oiseaux et rinceaux feuillagés en relief et portant les initiales C K. Platine à rouet, également ciselé, fût à ornements sculptés.

PISTOLETS

18 — Paire de pistolets à deux coups, à silex, canons à pans en acier bleui incrustés d'argent au nom de *Joan. André. Kuchenreuter*. Montures sculptées avec sous-garde et pommeau en cuivre.

19 — Paire de petits pistolets à silex avec canon à pans dans la moitié de la longueur, batterie, sous-garde, pommeaux et garnitures en acier finement ciselé à cariatides, mascarons, bustes et rinceaux.

20 — Paire de pistolets à silex, canon à pans incrusté d'argent au nom de *Joseph-Kuchenreuter, à Ratisbonne*, fût sculpté, pommeau en cuivre.

21 — Deux pistolets circassiens à silex avec crosse revêtue de feuilles d'argent niellé.

22 — Paire de pistolets orientaux à silex, batterie, sous-garde et pommeau en acier ciselé avec garniture en argent.

23 — Pistolet allemand à rouet, canon et platine gravés à entrelacs et perles, fût incrusté de plaques d'ivoire gravé. xviiᵉ siècle.

24 — Paire de petits pistolets à silex, canon de *Lazaro-Lazarino*, batterie signée *Frusca in Brecia*, garniture en acier ciselé à mascarons, rosaces et feuillages.

25 — Pistolet court à silex, armé à son extrémité d'une hache portant les initiales P. B. ; canon à pans, crosse garni de plaquettes d'ivoire gravé.

26 — Pistolet à silex avec garniture en argent ciselé. Travail oriental.

27 — Autre avec crosse incrustée de fils de laiton et garniture en cuivre et en argent.

28 — Paire de pistolets de tir à piston, canon à pans.

29 — Pistolet de poche de *Mark Richards*, à Londres.

ARBALÉTES

3o — Arbalète du xviiᵉ siècle à monture droite incrustée de plaques en os gravé, avec quatre flèches.

31 — Autre, analogue, aussi avec quatre flèches.

32 — Petite arbalète anglaise à crosse en forme de pistolet.

MASSES D'ARMES

33 — Masse d'armes persane en damas damasquiné d'or et enrichi de pierres de couleur.

34 — Masse d'armes en fer incrusté d'argent à quadrillages et tête ajourée ornée de mascarons.

35 — Autre à tige en galuchat avec tête à pans et à bossettes en argent niellé.

ÉPÉES, SABRES

36 — Belle rapière à lame flamboyante portant le nom de *IOANIS V in Toledo*. Garde en corbeille repercée et ciselée à jours avec cette inscription : *Alla Corona Il rivolta in Milano*. Quillons droits et branche de garde ciselés en torsade ; pommeau aplati et ajouré.

37 — Rapière italienne ; lame à gorge d'évidement portant une inscription. Garde en corbeille repercée et ciselée à rinceaux et godrons. Quillons recourbés en sens inverse dans le plan horizontal, branche rejoignant le pommeau qui est uni et de forme ovoïde.

38 — Épée allemande à longue lame à trois pans sur chaque face. Garde à trois branches côtelées et incrustées d'argent, la troisième rejoignant la branche recourbée en S et formant les quillons ; contre-garde à deux branches entre-croisées ; pommeau ovoïde à côtes, fusée en torsade.

39 — Épée allemande à lame évidée à double rainure portant le nom de *IOHAN*. Contregarde à coquille, pas d'âne, garde à deux branches parallèles. Quillons recourbés en sens inverse, fusée tressée à torsade, pommeau ovoïde uni.

40 — Rapière de duel à lame très fine, quadrangulaire, portant dans la gorge d'évidement le nom de *IOHANNIS COLL*. Coquille en corbeille unie avec bords à filets. Quillons droits dont un engagé dans la branche de garde qui rejoint le pommeau de forme ovoïde.

41 — Rapière italienne à lame évidée au talon et portant gravées les lettres J. H. S. Garde

en corbeille ajourée offrant deux figures assises et des entrelacs, pommeau ovoïde damasquiné d'argent, fusée en corne à torsade, quillons droits.

42 — Épée allemande à double garde symétrique, composée de sept branches unies, avec quillon courbé en sens inverse et pommeau à pans unis.

43 — Grande épée allemande à garde, à trois branches à nœuds et contre-garde à branches verticales doublées de deux coquilles cannelées; fusée tressée et pommeau ovoïde uni, lame en partie évidée portant des lettres gravées.

44 — Épée espagnole à simple garde, dont le quillon recourbé et la branche de garde sont ornés de fleurons héraldiques à tiges ajourées, pommeau en forme d'ananas, lame évidée et repercée à jour portant la date 1455.

45 — Épée espagnole à large lame plate portant cette inscription : *Yunte domine en pexavi anno 1760 no con fundan ynetexnu Solíge;* garde à double coquille unie, pas d'âne, quillon courbé vers la pointe et branche rejoignant le pommeau qui est de forme aplatie.

46 — Épée à lame large évidée à pans adoucis, quillons tordus en volutes, anneau pour le

pouce, coquille en cœur ajourée surmontée d'une branche rejoignant verticalement le pommeau piriforme orné de gravure.

47 — Épée allemande à lame ondulée à gorge d'évidement ajourée et portant les lettres S W plusieurs fois répétées et la date 1535 ; garde et contre-garde symétrique à coquille ciselée à figures, fleurons et couronnes.

48 — Épée à lame gravée portant l'inscription : *Vivat cahtarena*, poignée en cuivre ciselé, fourreau en cuir.

49 — Glaive à pommeau et quillon en acier, fusée garnie en cuir entourée d'un fil de laiton en torsade, lame à large gorge d'évidement portant l'inscription : *L'one abri 72*.

5o — Autre à lame gravée, garde à coquille, doubles quillons courbés vers la pointe ; fourreau en cuir.

51 — Sabre à lame droite avec dos festonné, garde unie, fourreau en cuir avec garniture en acier.

52 — Sabre à lame gravée, poignée se terminant par une tête d'aigle en bois sculpté revêtu d'une feuille d'or, fourreau en cuir avec pendant en cuir garni d'une coquille en argent et d'une coquille naturelle.

53 — Sabre de cavalerie du premier Empire ; lame

gravée et dorée portant au talon l'inscription : *Dépôt de la manufacture de Klingenthal rue de la Lai à Paris*, et au dos de la lame : *Chasseurs à cheval de la garde impériale;* fourreau et poignée en bronze ciselé et doré.

54 — Sabre de cavalerie, lame en acier gravé et bleui portant cette inscription : *Le premier consul au citoyen Joseph Guibert maréchal des logis des grenadiers à cheval de la garde des consuls pour sa conduite distinguée à l'affaire d'Aboukir le 7 thermidor an 7.* (Lame brisée.)

55 — Couteau de chasse à lame gravée à ornements, tels que lune, soleil, étoile et personnages à l'orientale, poignée en bois noir, garniture en argent.

56 — Beau sabre japonais avec pommeau, garde, coulants et bout en fer ciselé et doré; le fourreau est revêtu d'une feuille d'argent vermiculé.

57 — Deux glaives, poignée en croix, quillons droits et pommeau en cuivre doré, ainsi que la garniture du fourreau qui porte des insignes de franc-maçonnerie.

58 — Sabre turc à poignée et fourreau en argent ciselé; le pommeau formé d'une tête chimérique se relie à l'un des quillons par une triple chaînette.

59 — Kandjar à poignée d'argent ciselé garnie de coraux; fourreau en argent ciselé d'une riche ornementation.

60 — Très beau sabre oriental à lame légèrement courbée; poignée à quillons courbés vers la pointe et garniture de fourreau en argent gravé, ciselé et niellé, à fleurons et entrelacs sur fond doré, d'une riche ornementation; fourreau en velours.

61 — Beau sabre turc à lame de damas damasquinée d'or et portant des caractères réservés en relief sur fond doré; poignée en corne, fourreau en peau chagrinée avec garniture en argent.

62 — Sabre turc, lame en damas damasquinée d'or, poignée en ivoire à pommeau et croisette d'argent ciselé, fourreau en cuir avec garniture en argent.

63 — Sabre turc, poignée en corne, pommeau en argent niellé, croisette en acier, fourreau en cuir avec garniture en argent et en acier.

64 — Sabre à poignée en ivoire, quillon et garniture du fourreau en damas damasquiné d'or.

65 — Sabre à lame gravée portant un crucifix, poignée et fourreau en cuir avec garnitures en cuivre ciselé et doré.

66 — Sabre japonais.

67 — Cimeterre indien à lame courbe s'élargissant à son extrémité, poignée à double rondelle d'acier.

68 — Sabre turc, lame en damas à caractères en damasquine d'or et portant au dos la date 1802 ; fusée en ivoire, pommeau, croisillons et garniture de fourreau en acier à ornements dorés.

69 — Sabre analogue au précédent.

70 — Autre analogue et à ornements ciselés en relief ; l'extrémité des quillons est ajourée.

71 à 73 — Trois sabres turcs.

74-75 — Deux sabres de cavalerie à lames gravées, garnitures de poignée et de fourreau en cuivre doré.

POIGNARDS

76 — Poignard persan, lame courbe en damas à arête médiane damasquinée d'argent ; poignée en damas damasquiné d'or, fourreau en cuir.

77 — Couteau oriental à lame en damas et poignée en agate à pans, avec douille en vermeil ; fourreau en argent ciselé à rinceaux et garni de turquoises.

78 — Couteau oriental à lame évidée et renforcée à
la pointe de forme quadrangulaire ; le talon
et la poignée sont damasquinés d'argent ;
fourreau en cuir.

79 — Poignard persan à lame courbe à double
gorge d'évidement, poignée en morse ornée
de turquoises disposées en rosaces ; fourreau en chagrin.

80 — Autre, plus grand, à lame courbe à arête
médiane ; poignée en morse uni ; fourreau
en cuir.

81 — Poignard oriental à lame droite, poignée en
morse à nœud médian ; fourreau en cuir
garni en argent.

82 — Beau poignard oriental, lame courbe à arête
médiane et ornements saillants et poignée
en acier ciselé, décorée de caractères en
relief ; fourreau en cuir.

83 — Poignard persan à lame courbe, poignée en
morse sculptée à figures et inscriptions avec
entourage de perles ; fourreau en cuir.

84 — Autre poignard de même forme et de même
ornementation.

85 — Petit poignard à poignée d'agate et fourreau en
cuir garni en argent à ornements émaillés.

86 — Poignard malais à lame flamboyante à arête
saillante avec branche de garde ; poignée en

ivoire se terminant par deux oreillons en forme de croissants, fourreau en cuir.

87 — Trousse écossaise, poignard, fourchette et couteau dans une gaine en cuir garnie en argent; les manches en bois simulant un jonc tressé sont garnis à leurs extrémités de cabochons taillés à facettes couleur topazes.

88 — Poignard persan à lame courbe, poignée en corne noire à nœud médian; fourreau en cuir.

89 — Couteau à manche d'agate; fourreau en velours avec garniture en argent gravé à fleurons et entrelacs.

90 — Couteau à lame de damas, damasquinée d'or au talon; poignée en morse, fourreau en velours et en argent.

91 — Poignard persan, lame flamboyante en damas avec talon gravé, représentant un combat d'animaux; poignée en acier damasquinée d'or, fourreau en cuir.

92 — Poignard à lame courbe à gorge d'évidement et portant une inscription en damasquine d'or; poignée en ivoire rivée par des clous damasquinés d'or; fourreau en cuir garni en argent niellé.

93 — Poignard à lame courbe; poignée et garniture de fourreau en argent niellé d'un riche décor.

94 — Poignard à lame courbe en damas damasquinée d'or, poignée et garniture de fourreau en argent ciselé et doré à rinceaux, rosaces et quadrillés.

95 — Poignard persan à lame droite en damas, évidée à double rainure et damasquinée d'or au talon; poignée en ivoire rivée par des rosaces damasquinées; fourreau en velours avec garniture en acier damasquiné d'or.

96 — Petit poignard à lame courbe, poignée en morse, fourreau en cuir avec garniture en argent niellé.

97 — Poignard espagnol, lame à rainures et à talon ajouré, poignée en bois incrustée d'argent. xviie siècle.

98 — Couteau à poignée d'agate garnie en argent.

99 — Couteau oriental, lame en damas incrusté d'or, manche en jade vert, étui velours garni en argent doré.

100 — Deux couteaux orientaux à lames en damas et manches en argent, à ornements en relief et cannelures en torsades.

101 — Poignard turc, lame en damas, poignée en ivoire à extrémité formant deux ailerons garnie de rosaces en argent; fourreau en argent ciselé.

102 — Kandjar à lame légèrement cintrée, poignée en morse, fourreau en cuir.

103 — Poignard persan, à lame droite en damas, évidée à double rainure et damasquinée d'or, portant d'un côté du talon les lettres *I. S.* et de l'autre 1814 [20] *roda*; poignée en corne garnie de clous rosaces en fer damasquiné, fourreau en velours avec garniture en fer damasquiné.

104 — Poignard turc, lame droite en damas à arête médiane, poignée en morse à clous et bandeau d'argent, fourreau en argent ciselé.

105 — Autre, à lame gravée et ciselée, à ornements en relief; poignée en morse avec bandeau d'argent garni de coraux, fourreau en cuir.

106 — Poignard persan, à lame courbe damasquinée d'or, poignée et fourreau en argent doré.

107 — Poignard à manche en bois garni de cuivre, et gaine en bronze doré à sujet, munie d'un couteau et d'un stylet.

108 — Kriss à lame ciselée, à décor de personnages et d'animaux; poignée en bois à ornements sculptés.

109 — Kriss à lame droite en damas, à gorges d'évidement et arêtes médianes, et décorée, au talon, d'un animal chimérique ciselé en haut-relief; poignée en corne sculptée représentant une figure accroupie.

110 — Couteau malais, lame droite en damas ronceux

formant angle droit avec la poignée en bois
uni, virole et garniture de fourreau en
argent.

111 — Kriss malais à lame ondulée dont le milieu est
occupé par un serpent ; la lame est reliée à
la poignée par une traverse en damas
décorée de festons en relief et dorés. Poignée en bois à ornements sculptés.

112 — Kandjar, lame en damas, poignée en corne,
fourreau en cuir avec garniture en argent.

113 — Main-gauche, lame à dos dentelé et talon
ciselé et ajouré ; la plaque de garde est
décorée d'une bande de rinceaux ajourés.

114 — Petite dague à poignée en torsade et pommeau formé d'un crâne.

ARMES D'HAST

115 — Pertuisane à lame gravée, munie de deux
petits ailerons arrondis en croissants.

116 — Pertuisane à petit fer à ailerons ajourés.

117 — Très bel esponton du XVIᵉ siècle, ciselé et
richement damasquiné d'or et d'argent. Le
fer est orné, sur chaque face, de trois médaillons encadrés d'arabesques et représentant des guerriers et des cavaliers ; il sur-
monte un mascaron en haut-relief flanqué de

deux chimères ajourées et de deux ailerons à têtes fantastiques. La douille conique, et d'un décor analogue à celui du fer, est surmontée d'un nœud composé de brides à mascarons.

118 — Javelot à deux fers placés à chaque bout de la hampe.

119 — Autre.

120 — Lame, en forme de sabre droit, emmanchée par une douille à pans.

121 — Fer de lance en damas, à arête médiane et douille damasquinée d'or.

ARMURES

ET PIÈCES D'ARMURES

122 — Armet du xvıᵉ siècle en acier poli, à crête peu élevée et mézail en deux pièces à ouvertures transversales pour la vue.

123 — Casque de style oriental, à timbre conique côtelé en spirales et couvert d'ornements et de caractères gravés ; il est muni d'un camail en mailles.

124 — Casque persan, à timbre sphérique surmonté d'une pointe quadrangulaire et avec nasal, le tout en damas à riche décor en damasquine d'or à arabesques et inscriptions ; il est garni d'un camail à mailles serrées.

125 — Rondache persane en damas damasquiné d'or et présentant quatre bossettes rapportées et séparées par des caractères ciselés en relief.

126 — Bouclier ovale en fer repoussé et présentant une tête de Méduse. Travail italien.

127 — Petit armet à bords étroits et se terminant à son sommet par un ergot.

128 — Salade à larges bords, timbre repoussé, à côtes et couvre-nuque à cinq lames, en tuiles.

129 — Deux plaques ou plastrons en damas damasquiné or à caractères et palmettes. Travail persan.

130 — Deux autres plus petites et de même origine.

131 — Deux casques russes.

132 — Plastron en acier poli.

133 — Armet couvert de gravures représentant des trophées d'armes et des bandes d'entrelacs sur fond pointillé conservant des traces de dorure.

134 — Un gorgerin orné de bordures à entrelacs gravés.

135 — Une cuirasse à bandes d'ornements contenant des cartels à personnages, sur fond doré.

136 — Deux épaulières à bandes d'ornements gravés, trophées, entrelacs et chiffre composé des lettres E. D. M. A.

137 — Deux tassettes de même ornementation.

138 — Deux cuissards de même ornementation.

139 — Deux brassards complets gravés à entrelacs
et médaillons à guerriers.

140 — Deux cuissards et deux jambières avec pé-
dieux ornés d'une bande d'ornements à dau-
phins, oiseaux et arabesques sur fond noirci.

141 — Casque circassien de forme conique, à pans
ornés de plaques, rapportés en argent ciselé
et doré, et muni de son couvre-nuque en
mailles rivées.

142 — Calotte hémisphérique en acier décoré de
bandes rapportées en argent niellé et muni
d'un camail en mailles.

143 — Deux brassards d'avant-bras en acier gravé à
cordons striés avec manchettes en mailles.

144 — Deux brassards d'avant-bras gravés à dessins
orientaux avec bandes rapportées et dorées
et manchettes en mailles.

145 — Paire de grands éperons en fer ajouré et
ciselé, décorés d'animaux au milieu de rinceaux.

146 — Paire d'éperons de petite dimension.

147 — Deux brassards en acier poli avec couvre-
mains en mailles.

148 — Brassard en damas décoré d'oves ciselés
à arêtes saillantes et entouré d'une bordure

à caractères et arabesques en damasquine
d'or; il est muni d'un couvre-main à mailles
serrées.

149 — Cotte de mailles à anneaux rivés.

150 — Autre composée de petits anneaux rivés et bor-
dés en bas d'une bande d'anneaux de cuivre.

151 — Cotte de mailles, anneaux rivés.

152 — Cotte de mailles, forts anneaux rivés.

153 — Cotte de mailles à petits anneaux rivés.

154 — Couvre-nuque en mailles.

155 — Paire de gantelets sans doigts, à cannelures
gravées à ornements et dorées.

156 — Paire de gantelets à lames articulées, décorés
de bandes d'ornements et de fleurons ciselés
en relief et dorés en partie.

157 — Paire de gantelets à ornements gravés.

158 — Un bouclier en fer gravé à points quadrangu-
laires, décoré de quatre figures de chevaliers
combattant, relevées de dorures et enca-
drées de festons de laurier en incrustations
d'argent.

159 — Bouclier rond à décor gravé rayonnant à
cartels contenant des figures.

160 — Une cotte composée de mailles et de lames
transversales, disposées en tuiles, en acier
poli.

DIVERS

161 — Trompe de chasse en ivoire sculpté aux armes de Pologne avec la date 1670 ; la partie avoisinant le pavillon est décorée de deux cavaliers combattant un ours.

162 — Pulvérin du Caucase en argent niellé à rinceaux.

163 — Un fouet à manche de velours contenant un stylet, extrémité en argent niellé.

ARMES INDIENNES ET AUTRES

164 à 170 — Massues, casse-tête, arc et flèches, hache, javelots, rames, parasols, etc., seront vendus sous ce numéro.

171 à 175 — Plusieurs carquois sous ce numéro.

176 — Carquois en cuir garni de rondelles et de plaques gravées en argent niellé.

177 — Carquois en cuir gaufré en relief.